W0247422

Zebra 1
Arbeitsheft Lesen|Schreiben mit Medien

Autorinnen und Autor:
Carolin Gerdom-Meiering
Bärbel Hilgenkamp
Andreas Körnich
Sonja Senst
Theresa Weber

Beratung:
Britta Kuhlen (Medienkompetenz)
Dr. Daniel Nix (Leseförderung)

Ernst Klett Verlag
Stuttgart · Leipzig · Dortmund

Inhalt

Schulabenteuer und Abc-Reisen

Ich bin ein Schulkind

1 ✂️✏️✏️ Male und schreibe.

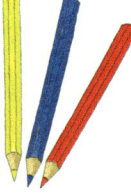

© Ernst Klett Verlag GmbH, Stuttgart 2024 | www.klett.de | Nur zum individuellen Gebrauch. Kopieren und Vervielfältigen nicht gestattet.

Klassendienste

1 ✏️ Verbinde.

📖 LB S. 8/9, 14, 15

© Ernst Klett Verlag GmbH, Stuttgart 2024 | www.klett.de | Nur zum individuellen Gebrauch. Kopieren und Vervielfältigen nicht gestattet.

Wörter sammeln

1  Lies und verbinde.

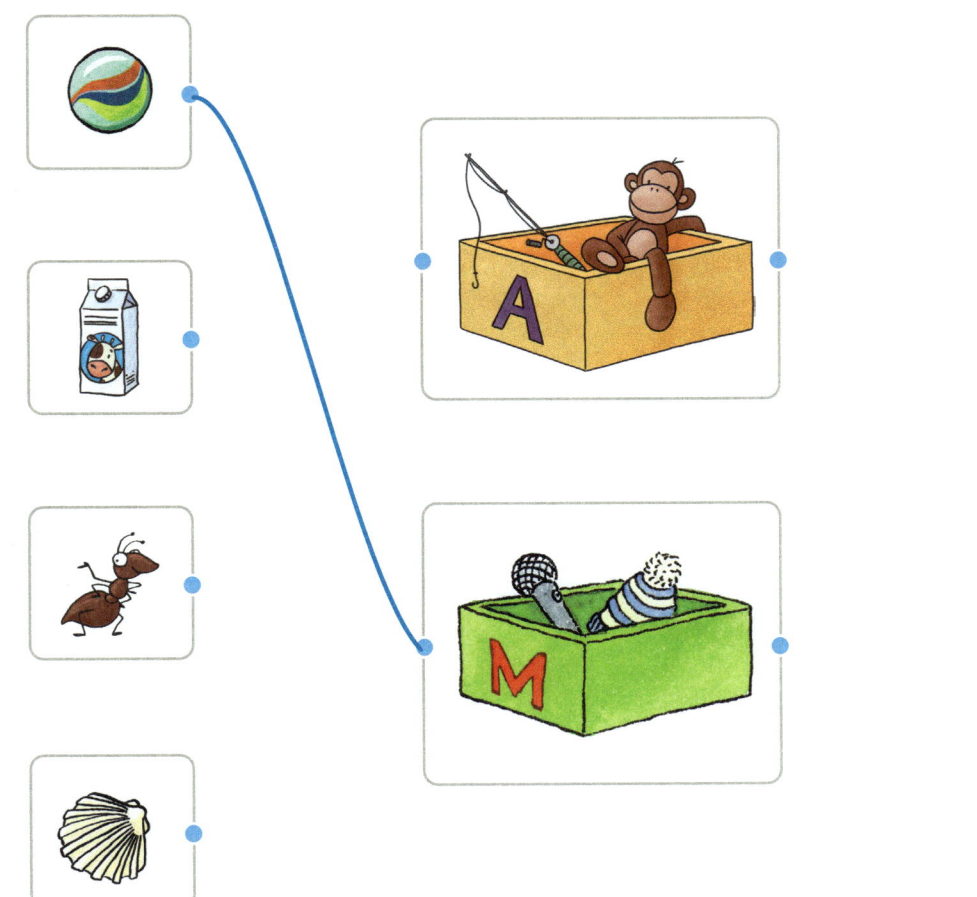

2 Lies und verbinde.

I	M	A

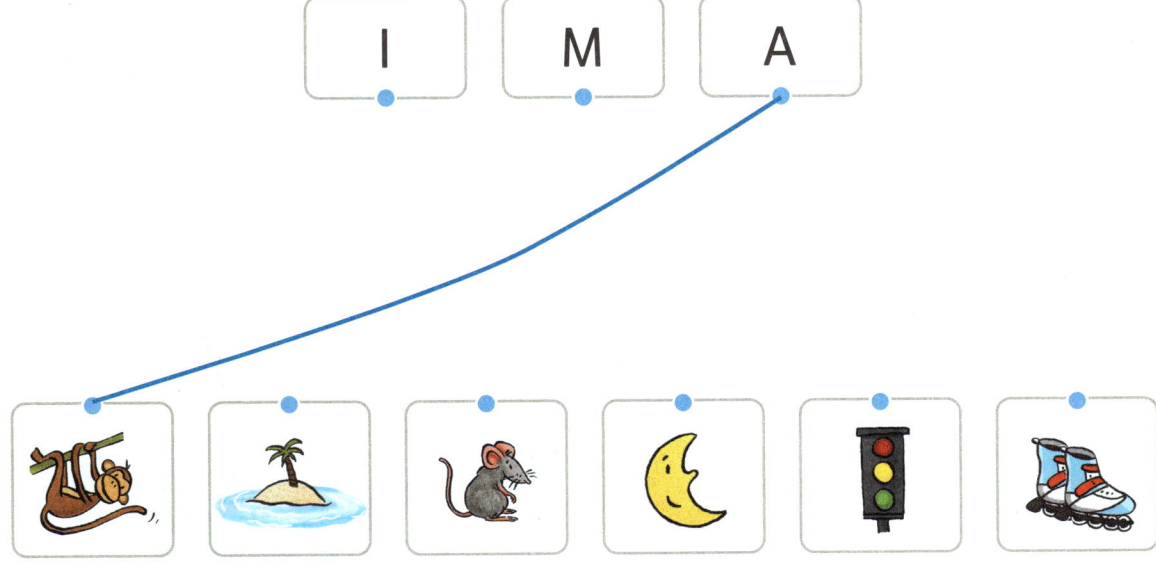

© Ernst Klett Verlag GmbH, Stuttgart 2024 | www.klett.de | Nur zum individuellen Gebrauch. Kopieren und Vervielfältigen nicht gestattet.

Buchstaben lesen

1 Lies und verbinde.

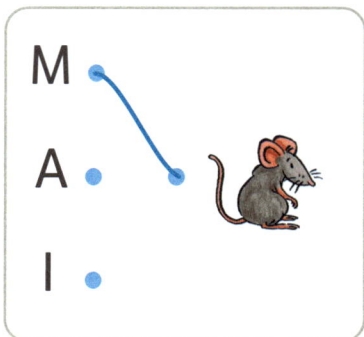

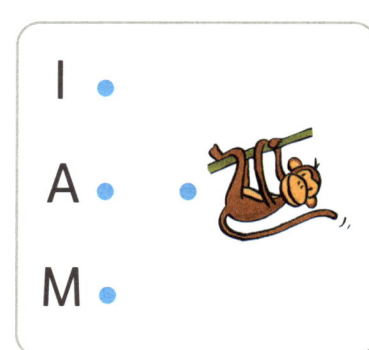

2 Lies und markiere in unterschiedlichen Farben.

3 Lies und verbinde.

© Ernst Klett Verlag GmbH, Stuttgart 2024 | www.klett.de | Nur zum individuellen Gebrauch. Kopieren und Vervielfältigen nicht gestattet.

In der Schule

1  Suche 5 Unterschiede. Kreise ein.

2 Lies und verbinde.

T •
M •   •
O •

L •
T •   •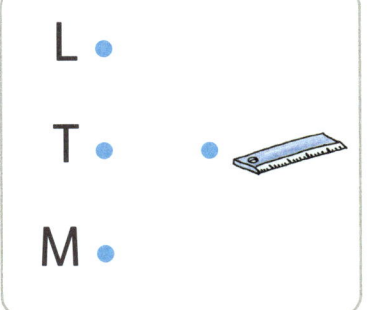
M •

L •
M •   •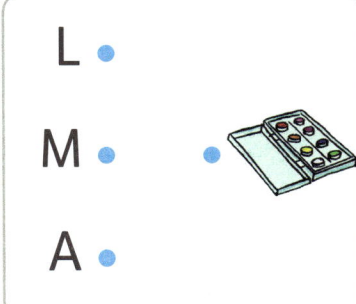
A •

T •
A •   •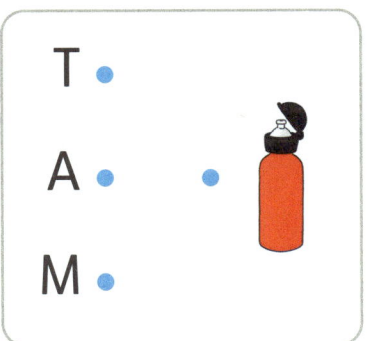
M •

T •
O •   •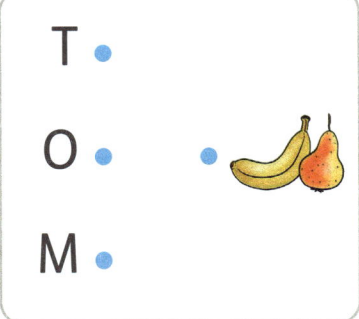
M •

M •
T •   •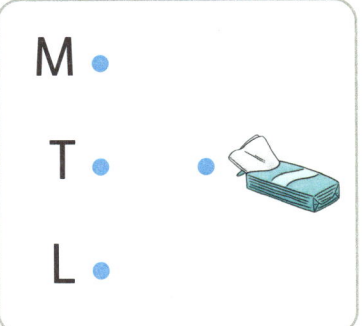
L •

Was hast du in deiner Schultasche?

© Ernst Klett Verlag GmbH, Stuttgart 2024 | www.klett.de | Nur zum individuellen Gebrauch. Kopieren und Vervielfältigen nicht gestattet.

Silben lesen

1 Lies und verbinde.

Im •	La •	Am •
Om • •	Lo • •	Im • •
Am •	Il •	Om •

  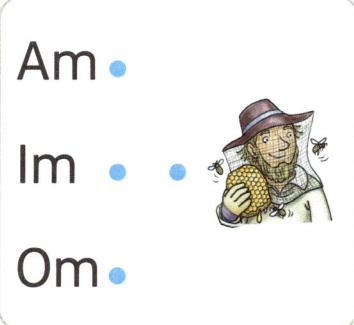

At •	Ma •	Ta •
To • •	Ta • •	La • •
Ta •	La •	Ma •

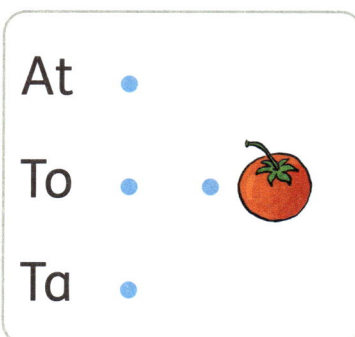  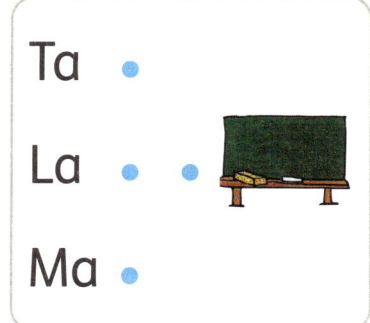

2 Lies und verbinde.

 • im
• am

 • mit
• im

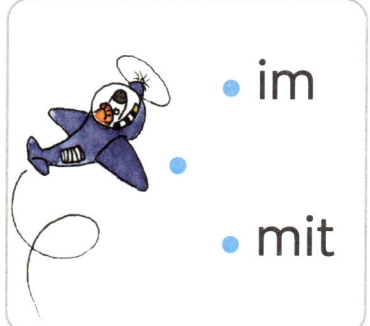 • im
• mit

 • im
• mit

 • im
• am

 • im
• am

© Ernst Klett Verlag GmbH, Stuttgart 2024 | www.klett.de | Nur zum individuellen Gebrauch. Kopieren und Vervielfältigen nicht gestattet.

© Ernst Klett Verlag GmbH, Stuttgart 2024 | www.klett.de | Nur zum individuellen Gebrauch. Kopieren und Vervielfältigen nicht gestattet.

Name: _____   Datum: _____

Links oder rechts?

○ **1** 👁 ✏️ Male Pfeile.   ⬅ links   ➡ rechts

○ **2** 👁 ✏️ Zähle die Pfeile.

⬅ links | ➡ rechts

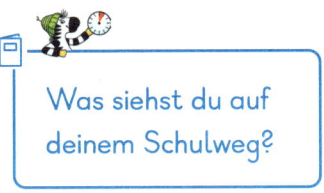

Was siehst du auf deinem Schulweg?

LB S. 16, 17

9

Name: _____ Datum: _____

Das kann ich schon

1 Lies und verbinde.

| A | L | I | T | O | M |

2 Lies und verbinde.

It
Ta
To

Il
La
Lo

Am
Om
Im

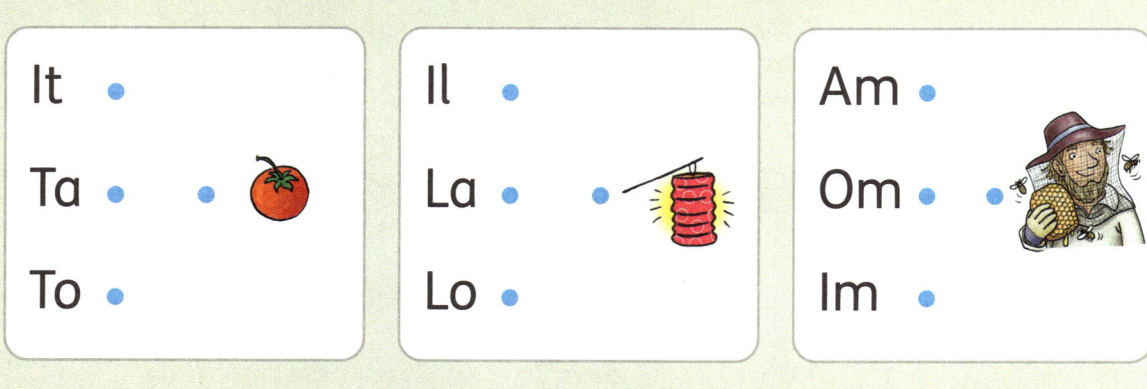

3 Suche 5 Unterschiede. Kreise ein.

10

Herzklopfen und Magenknurren

Das essen wir gerne

1 ✏️✏️ Wer mag was? Spure nach. Schreibe.

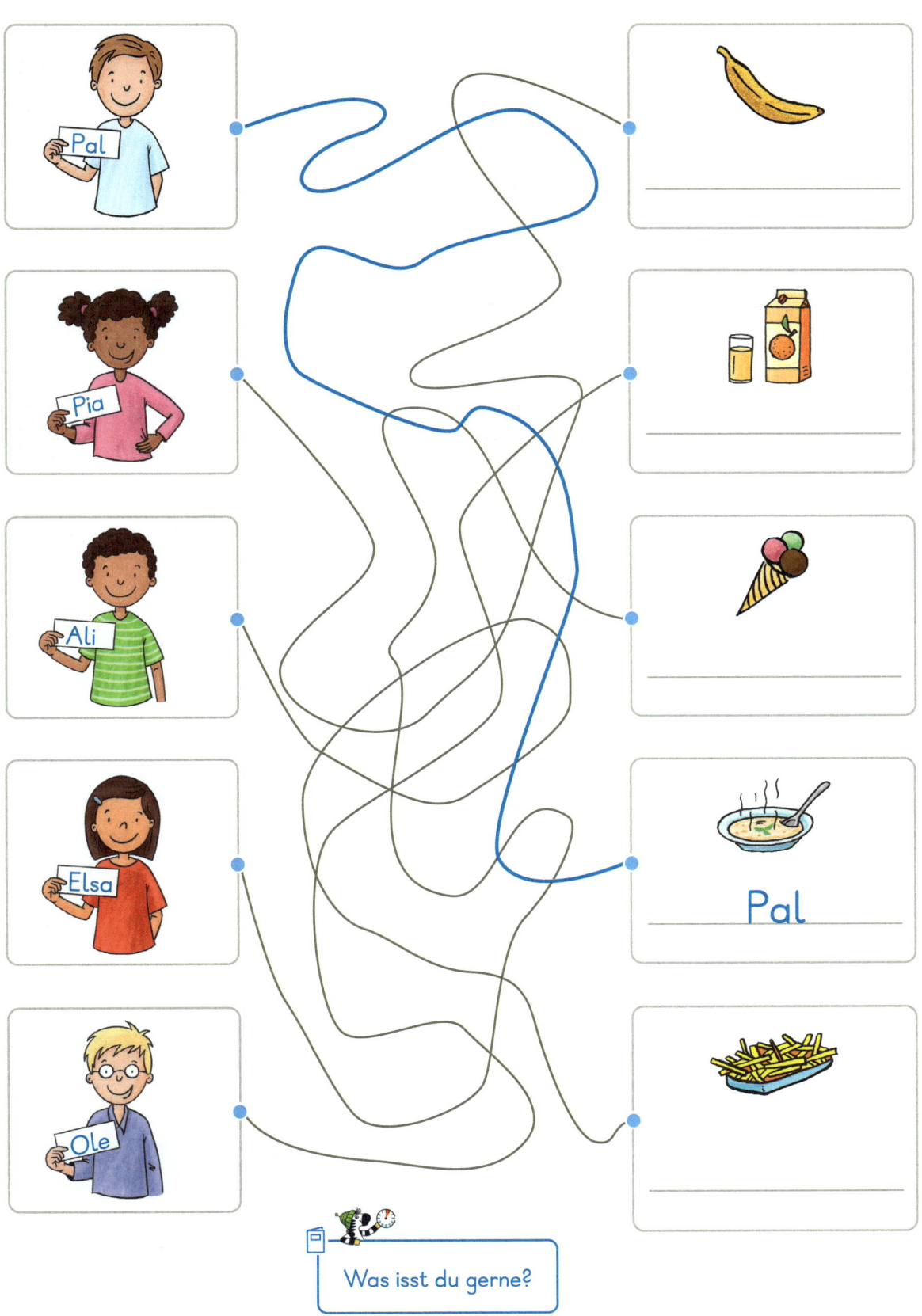

Pal

Pal

Was isst du gerne?

© Ernst Klett Verlag GmbH, Stuttgart 2024 | www.klett.de | Nur zum individuellen Gebrauch. Kopieren und Vervielfältigen nicht gestattet.

Obst und Gemüse

1 Lies und verbinde.

Te •	
To • •	🍅
Ta •	

Sa •	
So • •	🥬
Te •	

Ma •	
Mo • •	🍉
Me •	

Po •	
Pa • •	🫑
Te •	

2 Welche Buchstaben fehlen? Schreibe.

T
E
P
S

E	P	T	
S	T		E
P		E	
	E		P

LB S. 30–33

© Ernst Klett Verlag GmbH, Stuttgart 2024 | www.klett.de | Nur zum individuellen Gebrauch. Kopieren und Vervielfältigen nicht gestattet.

In der Turnhalle

1  Lies und verbinde.

im •

am • •

um •

am •

um •

mit •

mit •

im • •

am •

am •

mit • •

um •

2 Lies und verbinde.

| Ton**ne** | Mat**te** | Flum**mi** | Ten**nis** |

© Ernst Klett Verlag GmbH, Stuttgart 2024 | www.klett.de | Nur zum individuellen Gebrauch. Kopieren und Vervielfältigen nicht gestattet.

Viele Zähne

1 👁 ✏ Suche 5 Unterschiede. Kreise ein.

2 📝 Wessen Zähne sind das? Schreibe.

Hai _____ _____ _____

  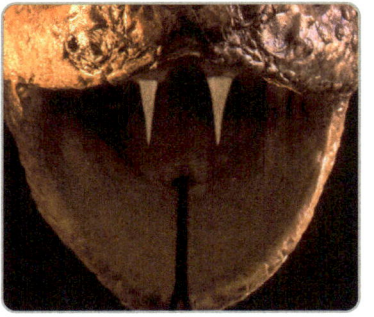

_____ _____ _____

© Ernst Klett Verlag GmbH, Stuttgart 2024 | www.klett.de | Nur zum individuellen Gebrauch. Kopieren und Vervielfältigen nicht gestattet.

Deine Zähne

1 ✎ Nummeriere.

2 👁 ✎ Verbinde.

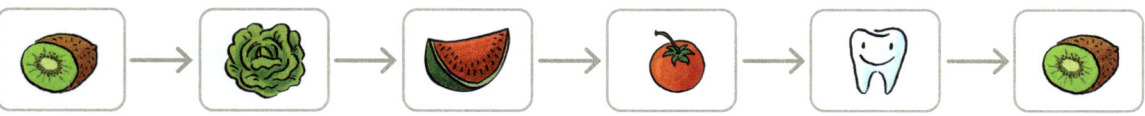

© Ernst Klett Verlag GmbH, Stuttgart 2024 | www.klett.de | Nur zum individuellen Gebrauch. Kopieren und Vervielfältigen nicht gestattet.

Gefühle

1 Schreibe.

LB S. 38–43

© Ernst Klett Verlag GmbH, Stuttgart 2024 | www.klett.de | Nur zum individuellen Gebrauch. Kopieren und Vervielfältigen nicht gestattet.

Name: _____   Datum: _____

Angst im Dunkeln

1  Lies und male an.

Af**fe**    Fee    Ses**s**el

Fo**to**    Lu**pe**   Pin**s**el

E**s**el   U**fo**   Lam**pe**

© Ernst Klett Verlag GmbH, Stuttgart 2024 | www.klett.de | Nur zum individuellen Gebrauch. Kopieren und Vervielfältigen nicht gestattet.

Das kann ich schon

1 👓 ✏️ Lies und verbinde.

Un •	Fu •	Su •
An • • 	Fe • • 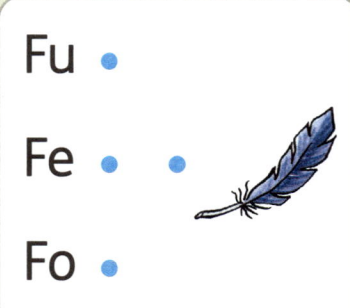	So • • 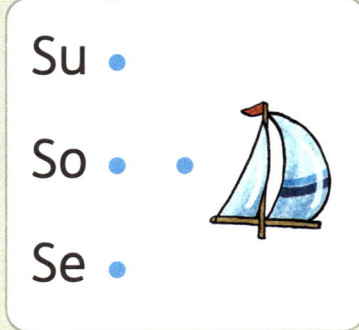
In •	Fo •	Se •

2 👓 ✏️ Lies und verbinde.

ma**len**	es**sen**	fal**ten**	pus**ten**
•	•	•	•

•	•	•	•

3 ✏️ Nummeriere.

© Ernst Klett Verlag GmbH, Stuttgart 2024 | www.klett.de | Nur zum individuellen Gebrauch. Kopieren und Vervielfältigen nicht gestattet.

Miteinander und Durcheinander
Familie

1  Lies und verbinde.

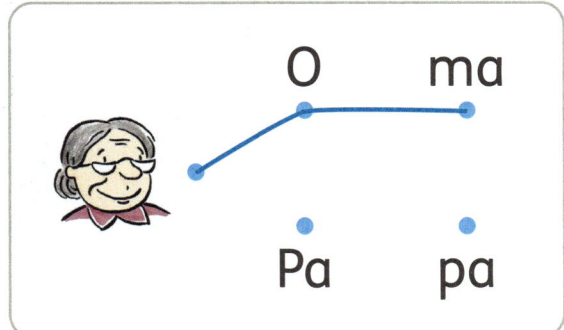

O   ma

Pa   pa

Ma   pa

Pa   ma

Tan   fe

Nef   te

Ma   tel

Zot   ma

2 Lies und male.

Sara tanzt im Regen.

Opa ist im Garten.

© Ernst Klett Verlag GmbH, Stuttgart 2024 | www.klett.de | Nur zum individuellen Gebrauch. Kopieren und Vervielfältigen nicht gestattet.

Ich mag

1  Schreibe.

Franz mag ❤️ <u>Gras</u> .

Franz mag ❤️ _____ .

Franz mag ❤️ _____ .

Franz mag ❤️ _____ .

2 ✏️ 📝 Was magst du? Male und schreibe.

Name: _____

© Ernst Klett Verlag GmbH, Stuttgart 2024 | www.klett.de | Nur zum individuellen Gebrauch. Kopieren und Vervielfältigen nicht gestattet.

Mein Traumhaus

➡ ● **1** 👓 ✏ Lies und male an.

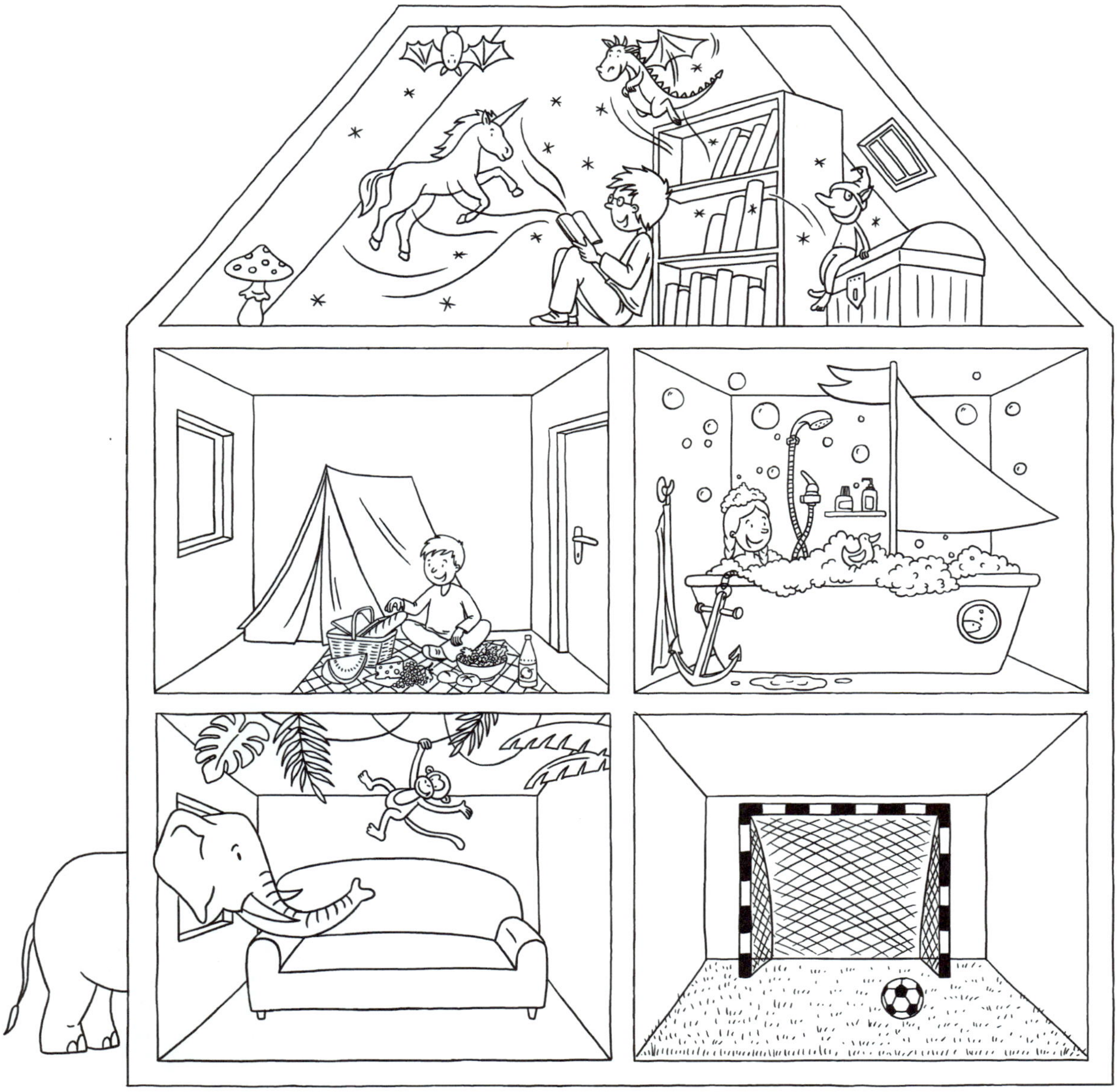

Sofa 🟩   Tor 🟦   Segel 🟧   Affe 🟫

Das Regal ist gelb.
Der Pilz ist rot.
Das Zelt ist lila.
Der Elefant ist rosa.

Was ist in deinem Traumzimmer?

© Ernst Klett Verlag GmbH, Stuttgart 2024 | www.klett.de | Nur zum individuellen Gebrauch. Kopieren und Vervielfältigen nicht gestattet.

Freunde

1 Lies und verbinde.

tan	nen
ren	schen
bas	zen
rut	teln

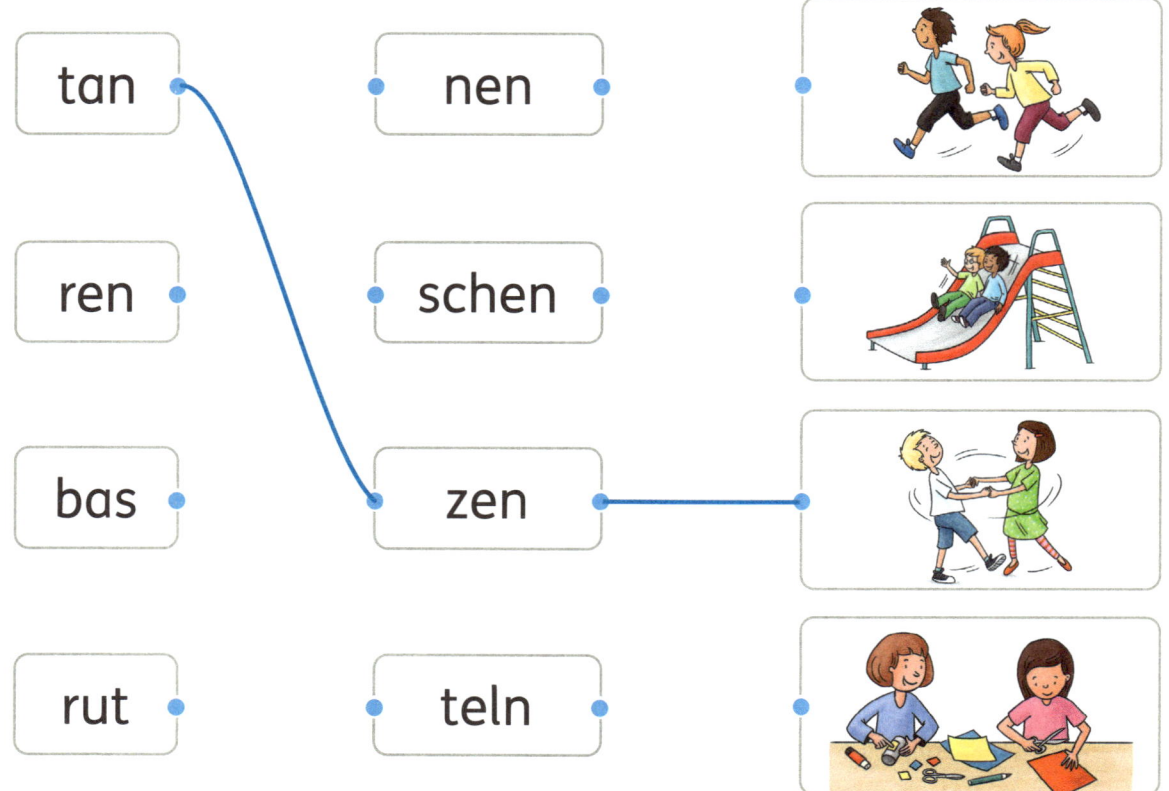

2 Nummeriere.

© Ernst Klett Verlag GmbH, Stuttgart 2024 | www.klett.de | Nur zum individuellen Gebrauch. Kopieren und Vervielfältigen nicht gestattet.

Mit meinen Freunden

1  Lies und verbinde.

 Me**sut** und Tim • • klet**tern**.

 Lu und Ro**bert** • • schla**fen**.

 Me**lek** und Dor**a** • • du**schen**.

2  Schreibe.

_____

_____

_____

Was machst du mit deinen Freunden?

© Ernst Klett Verlag GmbH, Stuttgart 2024 | www.klett.de | Nur zum individuellen Gebrauch. Kopieren und Vervielfältigen nicht gestattet.

Eine Streitgeschichte

1 📝 Schreibe zu den Bildern.

_____

_____

_____

_____

_____

_____

_____

_____

_____

_____

2 👁 ✏️ Verbinde.

📝 LB S. 64/65

© Ernst Klett Verlag GmbH, Stuttgart 2024 | www.klett.de | Nur zum individuellen Gebrauch. Kopieren und Vervielfältigen nicht gestattet.

Kinder aus aller Welt

1 ✏️✏️ Was essen die Kinder? Wähle aus. Verbinde und schreibe.

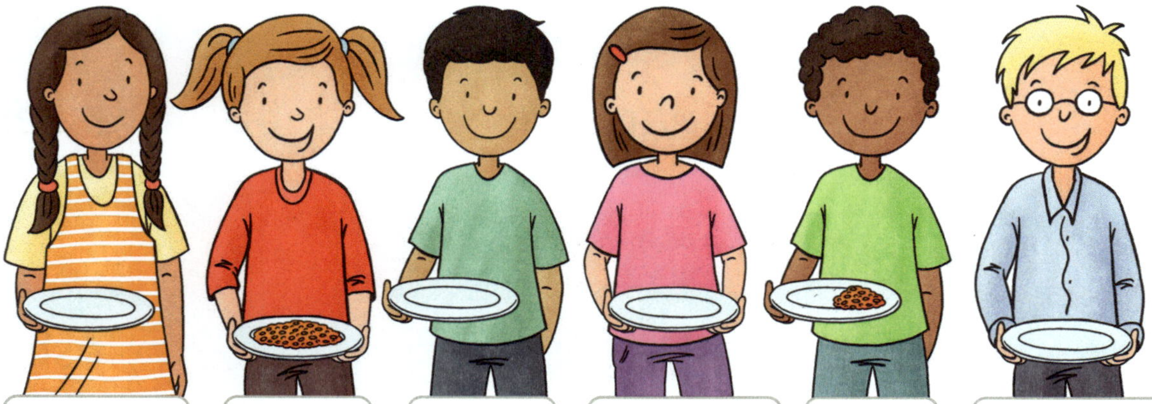

Maria	Lulu	Nino	Neomi	Eli	Simon

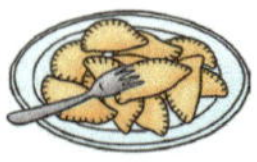

Pi**rogg**en

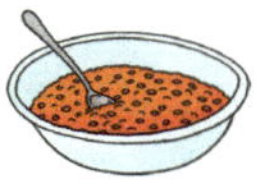

Lin**sen**

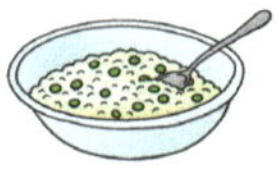

Ri**sott**o

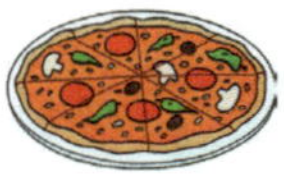

Piz**z**a

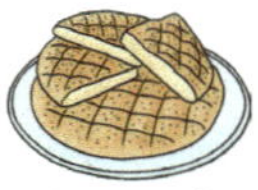

Fla**den**brot

Fal**a**fel

Lulu und _Eli_ es**sen** _Linsen_.

_____ und _____ es**sen** _____.

_____ und _____ es**sen** _____.

_____

_____

© Ernst Klett Verlag GmbH, Stuttgart 2024 | www.klett.de | Nur zum individuellen Gebrauch. Kopieren und Vervielfältigen nicht gestattet.

Das kann ich schon

1  Lies und verbinde.

 Olga und Sara •   • essen.

 Nino und Tom •   • lesen.

 Ella und Murat •   • basteln.

2 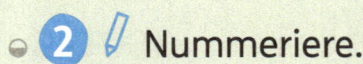 Nummeriere.

© Ernst Klett Verlag GmbH, Stuttgart 2024 | www.klett.de | Nur zum individuellen Gebrauch. Kopieren und Vervielfältigen nicht gestattet.

Name: _____ Datum: _____

Wiesenzwerge und Baumriesen
Tiere

○ **1** ✎ Lies. Mache nach jedem Wort einen Strich.

Amsel|Biber Raupe Maus Ameise Frosch

● **2** ✎ Schreibe die Namen der Tiere zu den passenden Bildern.

Maus _____   _____   _____

_____   _____   _____

● **3** Lies, schwinge und verbinde.

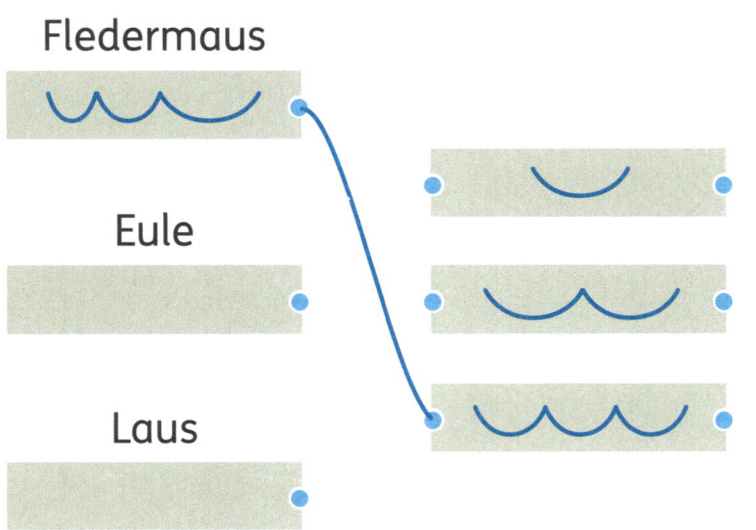

Fledermaus

Eule

Laus

Frosch

Kreuzotter

Raupe

Ei ei, Au au, Eu eu   LB S. 74–77   27

Der Igel

 **1** Lies und male.

Es ist kalt.
Alle Igel schlafen
im Laub.

Der Schnee
beginnt zu
schmelzen.
Der Igel frisst.

Der Igel bekommt
drei kleine
Igelkinder.

Es ist dunkel.
Drei Igelkinder
laufen im Garten.

© Ernst Klett Verlag GmbH, Stuttgart 2024 | www.klett.de | Nur zum individuellen Gebrauch. Kopieren und Vervielfältigen nicht gestattet.

Im Wald

1  Lies und male.

Janas Klasse wandert im Wald.
Die Sonne scheint.
Jana hat einen blauen Sonnenhut auf.
Unter der Tanne sind sieben Pilze.
Neben dem Busch ist ein Hase.
Auf dem Weg liegt eine Feder.
Das Wildschwein ist braun.

2 Wo ist die Eule? Schreibe.

© Ernst Klett Verlag GmbH, Stuttgart 2024 | www.klett.de | Nur zum individuellen Gebrauch. Kopieren und Vervielfältigen nicht gestattet.

Die Umwelt schützen

1 Nummeriere. Schreibe eine passende Überschrift.

_____

2 Schreibe.

_____

_____

 Wie kannst du die Umwelt schützen?

30 LB S. 78–81

© Ernst Klett Verlag GmbH, Stuttgart 2024 | www.klett.de | Nur zum individuellen Gebrauch. Kopieren und Vervielfältigen nicht gestattet.

Name: _____ Datum: _____

Tiernamen

1  Lies und markiere die Tiere.

NWDEJM**BIENE**KLSOEUWIAP

NWDEJMSOEUELCHWAPBI

NWPAPAGEIKLSOEUWAPBM

2  Lies und verbinde.

Eich	•	•	gen	•	•	chen	•	•	
Re	•	•	hörn	•	•	wurm	•	•	
Erd	•	•	der	•	•	maus	•	•	
Fle	•	•	krö	•	•	te	•	•	

3  Lies. Streiche das falsche Wort durch.

Wildschweine leben im ~~Hotel~~ / Wald .

Hunde brauchen Futter / Geld .

Löwen haben ein Maul / Auto .

Elefanten sind leicht / schwer .

© Ernst Klett Verlag GmbH, Stuttgart 2024 | www.klett.de | Nur zum individuellen Gebrauch. Kopieren und Vervielfältigen nicht gestattet.

Hunde

1 Was passt? Verbinde und markiere.
Notiere die Silben. Sie ergeben ein Lösungswort.

Ich will fres**sen**.	Kat
Ich freu**e** mich.	**Hun**
Ich ren**ne** weg.	Wo

Ich bin wü**tend**.	de
Ich la**che**.	se
Ich su**che** Freun**de**.	da

Ich bin trau**rig**.	la
Bit**te** wirf den Ball.	lei
Ich will schla**fen**.	lo

Lass uns tan**zen**.	no
Bist du mein Freund?	ni
Ich mag kei**ne** Ka**ter**.	ne

Der Hund braucht ei**ne** _____ _____ _____ _____.

  LB S. 84–87

© Ernst Klett Verlag GmbH, Stuttgart 2024 | www.klett.de | Nur zum individuellen Gebrauch. Kopieren und Vervielfältigen nicht gestattet.

Auf dem Bauernhof

○ **1** 👓 Lies den Text.

Die Kuh lebt auf dem Bau**ern**hof.
Sie hat ein kur**zes** Fell.
Sie frisst Gras mit dem Maul.
Die Kuh hat auch zwei Hör**ner**.
Mit dem Schwanz kann sie Flie**ge**n weg**ja**gen.
Die Kuh hat 4 Bei**ne**.
Am En**de** der Bei**ne** sind Klau**en**.
Im **Eu**ter ist Milch.

○ **2** ✏ Trage die passenden Wörter ein.

Die Kuh

_____ _____ _____

© Ernst Klett Verlag GmbH, Stuttgart 2024 | www.klett.de | Nur zum individuellen Gebrauch. Kopieren und Vervielfältigen nicht gestattet.

Name: _____ Datum: _____

Das kann ich schon

1 Lies. Mache nach jedem Wort einen Strich.

MausBlumeBirneWölfeEuleSchweinRaupe

2 Lies. Streiche das falsche Wort durch.

Fische schwimmen im Wasser / Bett.

Bananen sind gelb / rot.

Der Hund hat einen Schwanz / Schnabel.

Kühe geben Saft / Milch.

3 Nummeriere. Schreibe eine passende Überschrift.

_____

© Ernst Klett Verlag GmbH, Stuttgart 2024 | www.klett.de | Nur zum individuellen Gebrauch. Kopieren und Vervielfältigen nicht gestattet.

Traumfänger und Erfinderglück
Märchen

 **1** Lies und verbinde.

Das Kind
mit der roten Kappe
bringt seiner kranken
Oma Blumen.

Der Esel und
seine drei Freunde
wollen in Bremen
Musikanten werden.

Zwei arme Kinder
stehen an
einem Haus
aus Lebkuchen.

Der Frosch springt
in den Brunnen
und holt
die goldene Kugel.

© Ernst Klett Verlag GmbH, Stuttgart 2024 | www.klett.de | Nur zum individuellen Gebrauch. Kopieren und Vervielfältigen nicht gestattet.

Die Traumreise

1 ✂ ✗🖊 🖊 Lies und kreuze die richtige Zeile an.
Notiere die passenden Silben. Sie ergeben ein Lösungswort.

Die Rinder erkunden den Himmel. ☐ Be
Die Kinder erkunden den Himmel. ☐ Ge

Die Gespenster kennen den Weg. ☐ spens
Die Gespenster rennen den Weg. ☐ fens

Alle sehen Mond und Sterne. ☐ ter
Alle sehen Mond und Laterne. ☐ tel

Gegen Morgen endet der Schaum. ☐ nest
Gegen Morgen endet der Traum. ☐ fest

Lösungswort: _____ _____ _____

📝 LB S. 96–99 ▶

© Ernst Klett Verlag GmbH, Stuttgart 2024 | www.klett.de | Nur zum individuellen Gebrauch. Kopieren und Vervielfältigen nicht gestattet.

Name: _____   Datum: _____

Fliegen und landen

➡ ⊝ **1** 👓 ✏ Lies. Streiche das falsche Wort durch.

Wir [stei**gen** / zei**gen**] ins Flug**zeug**.

Die Pi**l**o**t**in hat ei**ne** Mü**tz**e auf dem [Kopf / Knopf].

Ich se**tz**e mich auf mei**nen** [Schatz / Platz].

Wir [flie**hen** / flie**gen**] ü**b**er das Meer.

Der [Flug / Zug] dau**ert** sehr lang.

Jetzt [lan**det** / ba**det**] das Flug**zeug**.

⊝ **2** 👁 ✏ Verbinde.

Flug → Sitz → Dreck → Blitz → Dampf →

Kopf → Rock → Platz → Knopf → Flug

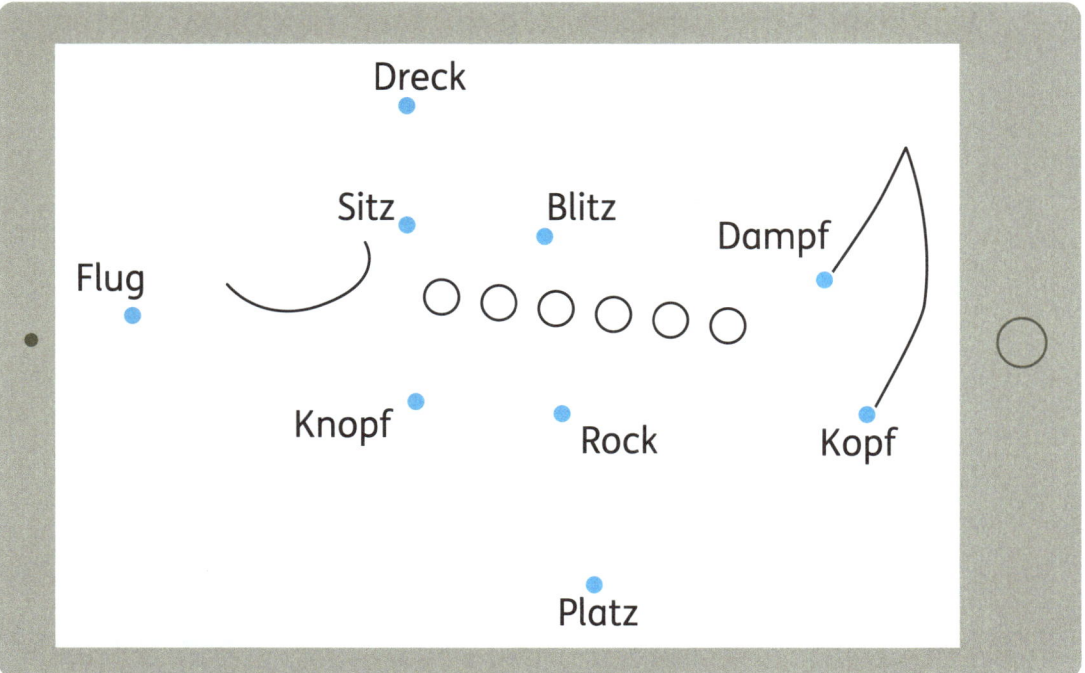

© Ernst Klett Verlag GmbH, Stuttgart 2024 | www.klett.de | Nur zum individuellen Gebrauch. Kopieren und Vervielfältigen nicht gestattet.

Aus dem Flugzeug schauen

● **1** ✏️ 📝 Was könntest du aus dem Flugzeug sehen?
Male und schreibe.

Ich flie**ge** hoch am Him**mel** und se**he**:

_____

_____

_____

_____

38 ☞ LB S. 102–105

© Ernst Klett Verlag GmbH, Stuttgart 2024 | www.klett.de | Nur zum individuellen Gebrauch. Kopieren und Vervielfältigen nicht gestattet.

Dornröschen

 **1** Lies und verbinde.

Alle bringen Geschenke
zu Dornröschens Geburt.
Nur die böse Fee
bringt einen Fluch.

Dornröschen sticht sich
an einer Spindel.
Alle schlafen ein.

Sie schlafen
hundert Jahre lang.
Rosen mit Dornen
umranken das Schloss.

Ein Prinz kommt.
Er küsst Dornröschen
wach.
Dann heiraten sie.

© Ernst Klett Verlag GmbH, Stuttgart 2024 | www.klett.de | Nur zum individuellen Gebrauch. Kopieren und Vervielfältigen nicht gestattet.

Eine kleine Hexe zaubert

 1 In was verhext sich die Super-Hexe? Schreibe.

Die kleine  als

Die kleine  als

_____ .

_____ .

Die kleine  als

Die kleine  als

_____ .

_____ .

© Ernst Klett Verlag GmbH, Stuttgart 2024 | www.klett.de | Nur zum individuellen Gebrauch. Kopieren und Vervielfältigen nicht gestattet.

Auf der Müllkippe

1 ☞ Lies.

Olchis lieben Müll.
Das finden sie auf der Müllkippe:
einen alten Benzinkanister,
einen kaputten Gummireifen,
einen Regenschirm
und sogar einen alten Kinderwagen.

2 ✏ Trage die passenden Wörter ein.

3 📝 Was lieben die Olchis? Schreibe.

© Ernst Klett Verlag GmbH, Stuttgart 2024 | www.klett.de | Nur zum individuellen Gebrauch. Kopieren und Vervielfältigen nicht gestattet.

Das kann ich schon

1 👓 ✏️ Lies. Streiche das falsche Wort durch.

Die Gespenster leben / loben im Schloss.

Sieben Zweige / Zwerge wohnen im Wald.

Der Prinz hat eine Melone / eine Krone .

2 👓 ✏️ Lies und kreuze die richtige Zeile an.
Notiere die passenden Silben. Sie ergeben ein Lösungswort.

Der Frosch holt die goldene Kuh. ☐	Len
Der Frosch holt die goldene Kugel. ☐	Leb

Die Olchis lieben Tüll. ☐	kur
Die Olchis lieben Müll. ☐	ku

Die Pilotin fliegt gerne. ☐	chen
Die Pilotin liegt gerne. ☐	chel

Der Pilz heiratet die Prinzessin. ☐	maus
Der Prinz heiratet die Prinzessin. ☐	haus

Lösungswort: _____ _____ _____ _____

© Ernst Klett Verlag GmbH, Stuttgart 2024 | www.klett.de | Nur zum individuellen Gebrauch. Kopieren und Vervielfältigen nicht gestattet.

Leseratten und PC-Mäuse

Lesen, hören, sehen

 **1** Lies und verbinde.

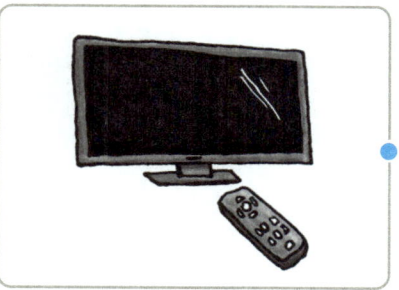

Hallo, hier ist Emir.
Kann ich bitte
mit Tobi sprechen?

Es war einmal
ein kleines Mädchen.

Heute zeigen wir dir,
wie Kaugummi
hergestellt wird.

Lieber Opa,
wir freuen uns schon
auf deinen Besuch.

Es ist 8 Uhr.
Sie hören
die Nachrichten.

© Ernst Klett Verlag GmbH, Stuttgart 2024 | www.klett.de | Nur zum individuellen Gebrauch. Kopieren und Vervielfältigen nicht gestattet.

Name: _____   Datum: _____

Leserätsel

 **1** Lies und verbinde.

Welche Ratte
hat keinen
Schwanz?

Bücherwurm

Welcher Wurm
lebt nicht
unter der Erde?

Bildschirm

Welcher Sprecher
kann laut und
leise gestellt
werden?

Leseratte

Welcher Schirm
hilft nicht
bei Regen?

Lautsprecher

© Ernst Klett Verlag GmbH, Stuttgart 2024 | www.klett.de | Nur zum individuellen Gebrauch. Kopieren und Vervielfältigen nicht gestattet.

Name: _____ Datum: _____

Mein Lieblingsbuch

1 ✎ 📝 Was ist dein Lieblingsbuch? Male und schreibe.

➡ • **2** 👓 ✎ Lies und schreibe.

Wie heißt das Buch?

Titel: _____

Wer hat das Buch geschrieben?

Autor / Autorin: _____

Warum gefällt dir das Buch?

_____

_____

© Ernst Klett Verlag GmbH, Stuttgart 2024 | www.klett.de | Nur zum individuellen Gebrauch. Kopieren und Vervielfältigen nicht gestattet.

Buchtitel

1 Male Titelbilder.

Die Raupe Immersatt

Monster in der Stadt

2 Wie könnten die Bücher heißen? Schreibe.

LB S. 120–123, 136/137

© Ernst Klett Verlag GmbH, Stuttgart 2024 | www.klett.de | Nur zum individuellen Gebrauch. Kopieren und Vervielfältigen nicht gestattet.

Briefe an Linda

1 Was passt? Verbinde und markiere.
Notiere die Silben. Sie ergeben ein Lösungswort.

Linda **war**tet auf Post.	Buch
Linda bringt Post.	Fern
Linda be**kommt** Post.	Brief

Ihre Oma hat geschrieben.	kar
Ihre Klasse hat geschrieben.	kas
Ihre Tante hat geschrieben.	kat

Linda schreibt einen Brief.	tin
Linda schreibt keine E-Mail.	fon
Linda schreibt eine E-Mail.	ten

Lösungswort: _____ _____ _____

© Ernst Klett Verlag GmbH, Stuttgart 2024 | www.klett.de | Nur zum individuellen Gebrauch. Kopieren und Vervielfältigen nicht gestattet.

Name: _____ Datum: _____

Informationen suchen

1 Lies. Streiche das falsche Wort durch.

Xara summt / sucht Informationen über Yaks.

Im Internet verliert / findet sie viele Fotos.

Sie sieht ein Cabrio / Video über wilde Yaks.

Jetzt weiß Xara viel / voll über diese Tiere.

2 Lies, schwinge und verbinde.

Postkarte

Bücherregal

Fotoapparat

Computermaus

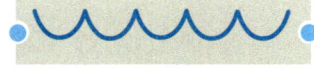

Fernseher

Laptopkamera

Kinderzeitschrift

Bücherei

Mikrofon

Suchmaschine

© Ernst Klett Verlag GmbH, Stuttgart 2024 | www.klett.de | Nur zum individuellen Gebrauch. Kopieren und Vervielfältigen nicht gestattet.

Tablet und Computer

1 👁 ✏️ Suche 5 Unterschiede. Kreise ein.

2 ✏️ Trage die passenden Wörter ein.

Rechner   Bildschirm   Drucker

Maus   Tastatur

_____

_____

_____

_____   _____

Was machst du am Computer?

© Ernst Klett Verlag GmbH, Stuttgart 2024 | www.klett.de | Nur zum individuellen Gebrauch. Kopieren und Vervielfältigen nicht gestattet.

Das kann ich schon

1 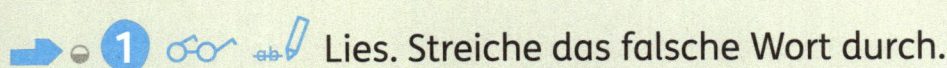 Lies. Streiche das falsche Wort durch.

In der Schule ist Klasse / Projektwoche .

Paul hat ein Plakat / Paket gestaltet.

Er ist / hat Bilder darauf geklebt.

Jedes Kind stellt ein / auf Tier vor.

2 Was passt? Verbinde und markiere.
Notiere die Silben. Sie ergeben ein Lösungswort.

Amar singt mit dem Tablet.	Buch
Amar springt mit dem Tablet.	Fern
Amar lernt mit dem Tablet.	Bild

Dann ist eine stille Pause.	film
Dann ist eine Bewegungspause.	schirm
Dann ist eine Essenspause.	maus

Lösungswort: _____ _____

 Klett Diagnostik ▶

© Ernst Klett Verlag GmbH, Stuttgart 2024 | www.klett.de | Nur zum individuellen Gebrauch. Kopieren und Vervielfältigen nicht gestattet.

Herbsttöne und Frühlingsfarben

Herbst

1  Schreibe.

_____

_____

_____

_____

_____

_____

_____

_____

© Ernst Klett Verlag GmbH, Stuttgart 2024 | www.klett.de | Nur zum individuellen Gebrauch. Kopieren und Vervielfältigen nicht gestattet.

Der Herbst ist da

1  Suche 5 Unterschiede. Kreise ein.

2 Nummeriere.

LB S. 140–143

© Ernst Klett Verlag GmbH, Stuttgart 2024 | www.klett.de | Nur zum individuellen Gebrauch. Kopieren und Vervielfältigen nicht gestattet.

Name: _____ Datum: _____

Laterne, Laterne

1 Lies und verbinde.

A •
E •
O •

T •
E •
M •

Ta •
Te •
To •

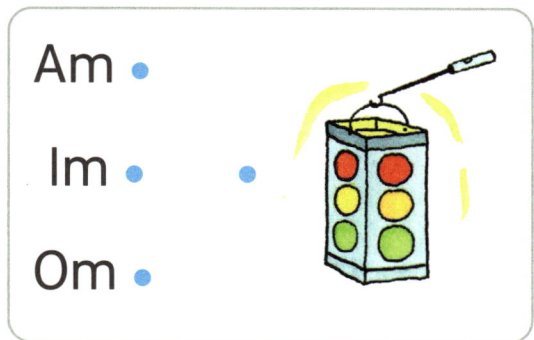

Am •
Im •
Om •

2 Male eine Laterne. Schreibe.

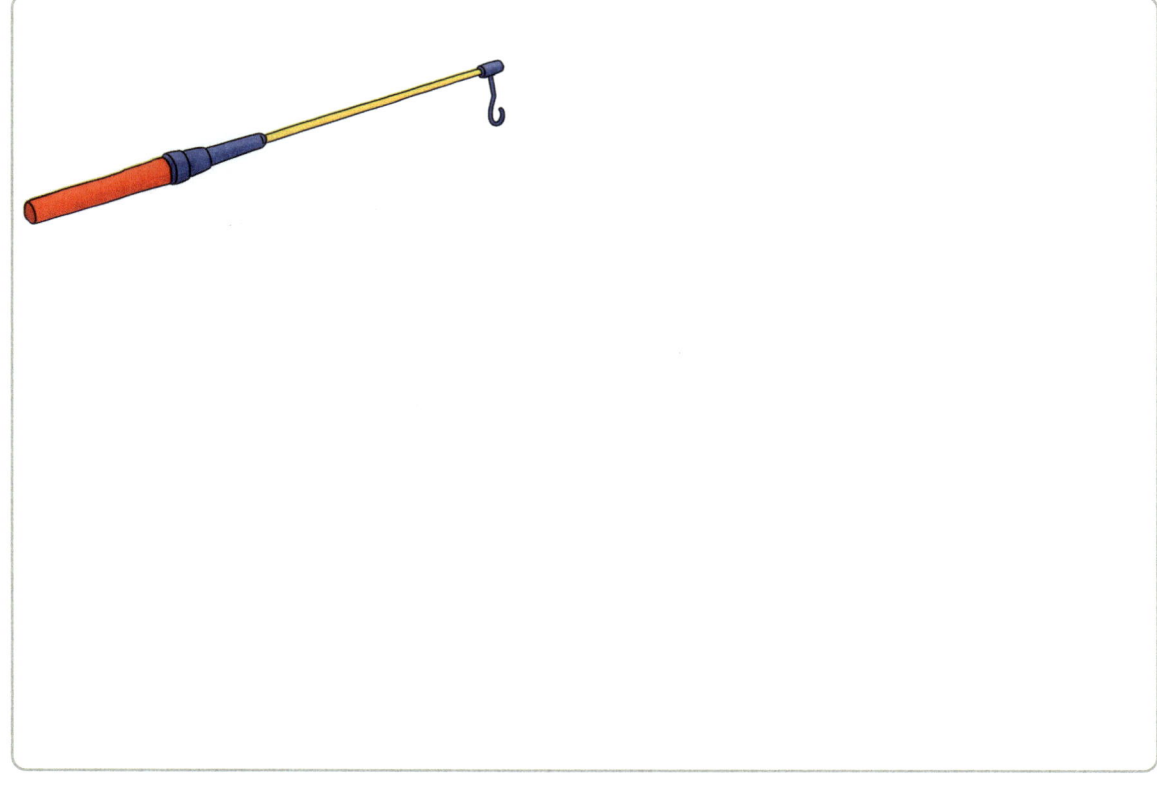

© Ernst Klett Verlag GmbH, Stuttgart 2024 | www.klett.de | Nur zum individuellen Gebrauch. Kopieren und Vervielfältigen nicht gestattet.

Im Nebel

1   Schreibe.

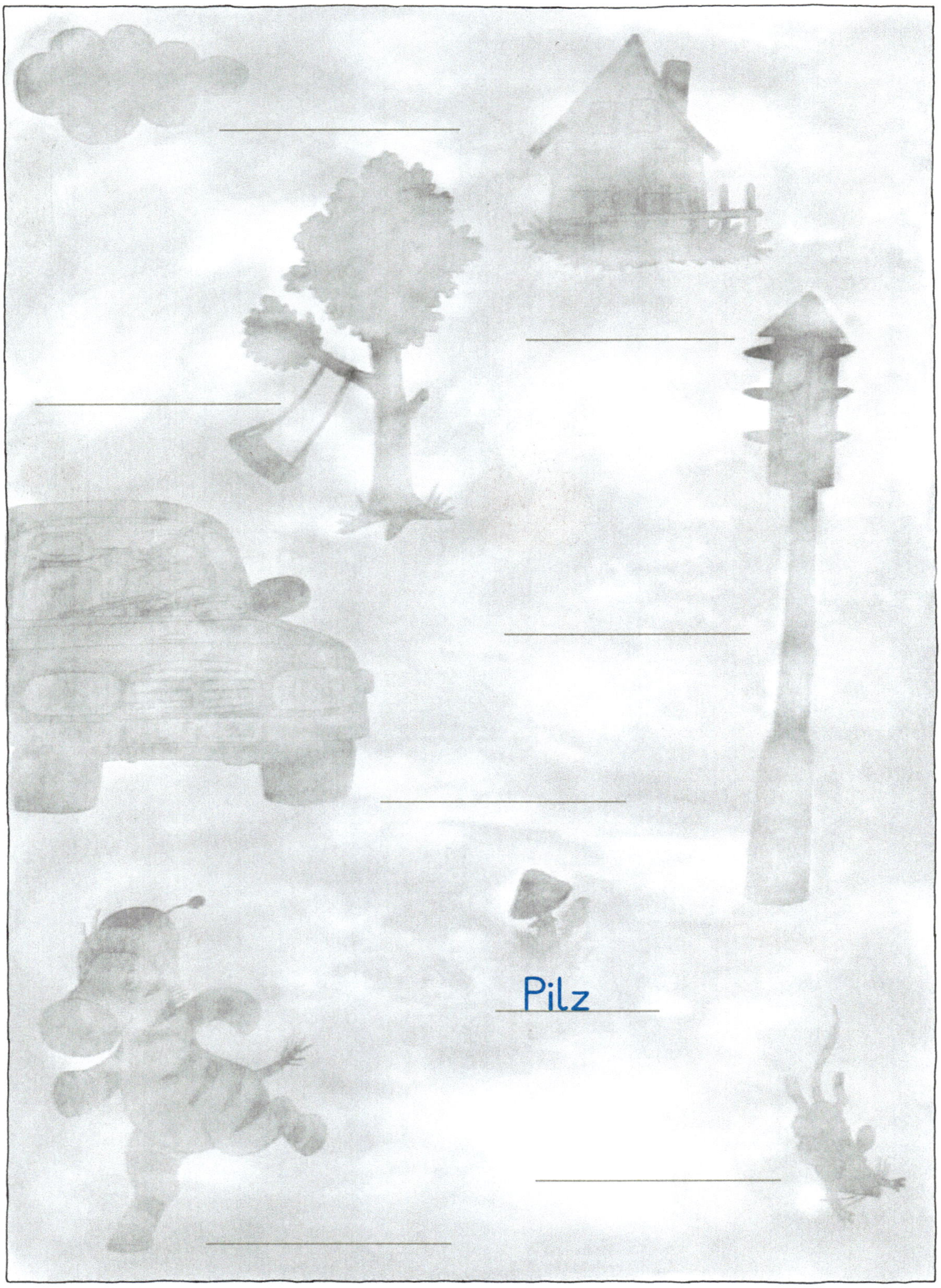

_____

_____

_____

_____

_____

__Pilz__

_____

LB S. 145

Was siehst du im Nebel?

© Ernst Klett Verlag GmbH, Stuttgart 2024 | www.klett.de | Nur zum individuellen Gebrauch. Kopieren und Vervielfältigen nicht gestattet.

Winter

⊸ **1**  Schreibe.

_____

_____

_____

_____

_____

_____

_____

© Ernst Klett Verlag GmbH, Stuttgart 2024 | www.klett.de | Nur zum individuellen Gebrauch. Kopieren und Vervielfältigen nicht gestattet.

Name: _____ Datum: _____

Nikolaus

1 👁 ✏ Nummeriere.

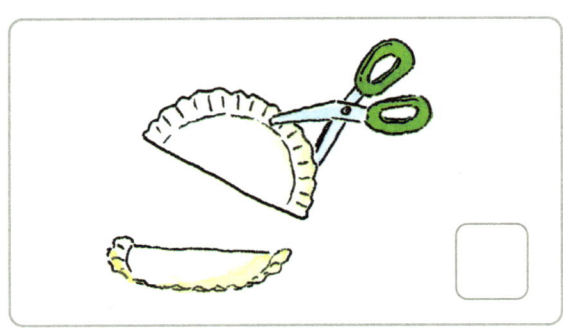

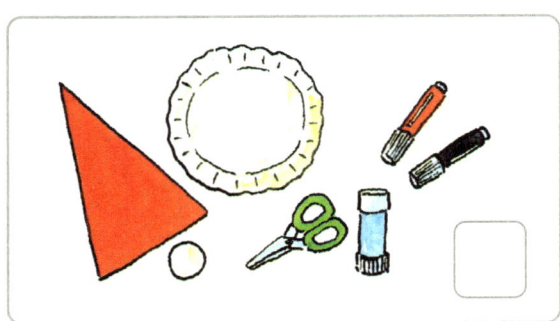

2 👓 ✏ Lies und verbinde.

kle •	• ten •

fal •	• teln •

ma •	• len •

bas •	• ben •

LB S. 146, 147   S s, E e, P p, N n, U u, F f, G g, R r, Z z, B b, Sch sch, K k, D d

© Ernst Klett Verlag GmbH, Stuttgart 2024 | www.klett.de | Nur zum individuellen Gebrauch. Kopieren und Vervielfältigen nicht gestattet.

Name: _____   Datum: _____

Alle bekommen Geschenke

1 👁 ✏️ Wer bekommt was? Verbinde.

Papa •	• Roller
Mama •	• Schlitten
Ina •	• Fotoalbum
Linus •	• Bademantel

2 ✏️ Schreibe.

Papa bekommt einen _____ •

_____ •

_____ •

_____ •

© Ernst Klett Verlag GmbH, Stuttgart 2024 | www.klett.de | Nur zum individuellen Gebrauch. Kopieren und Vervielfältigen nicht gestattet.

LB S. 148, 149

Der Schlitten ist kaputt

1 Der Schlitten ist kaputt. Wie kommt der Weihnachtsmann zu den Kindern? Lies und verbinde.

Er kommt
mit dem Schiff.

Er kommt
mit dem Motorrad.

Er kommt
mit dem Kamel.

2 Male und schreibe.

_____

_____

_____

© Ernst Klett Verlag GmbH, Stuttgart 2024 | www.klett.de | Nur zum individuellen Gebrauch. Kopieren und Vervielfältigen nicht gestattet.

Es schneit

1 Lies und male an.

Ma**ma** mit Tee am Fens**ter**

Mu**rat** mit Schlit**ten**

Schnee**mann** mit Schal im Gar**ten**

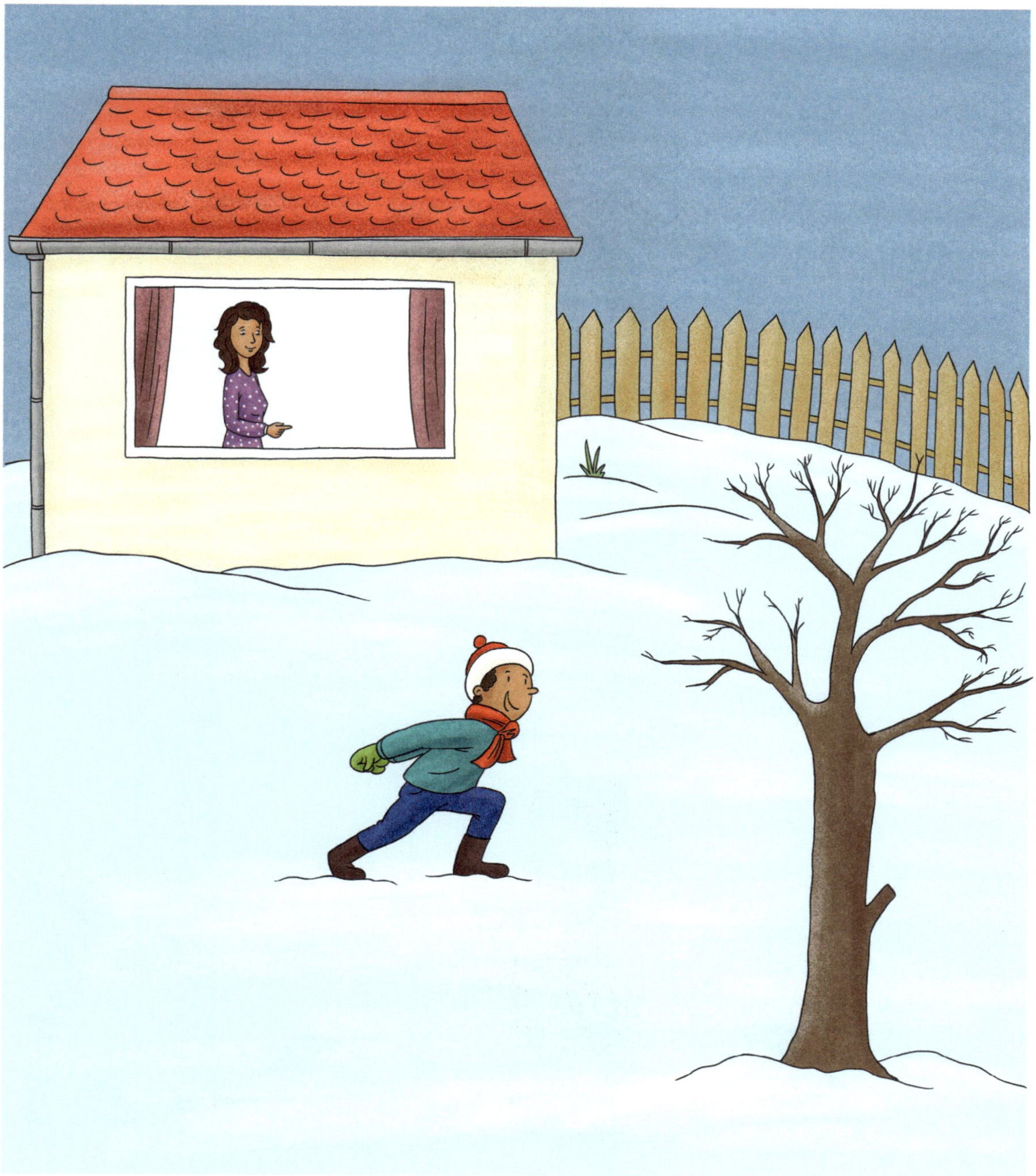

© Ernst Klett Verlag GmbH, Stuttgart 2024 | www.klett.de | Nur zum individuellen Gebrauch. Kopieren und Vervielfältigen nicht gestattet.

Spuren im Schnee

1 👁 🖼 Wer war hier? Schreibe.

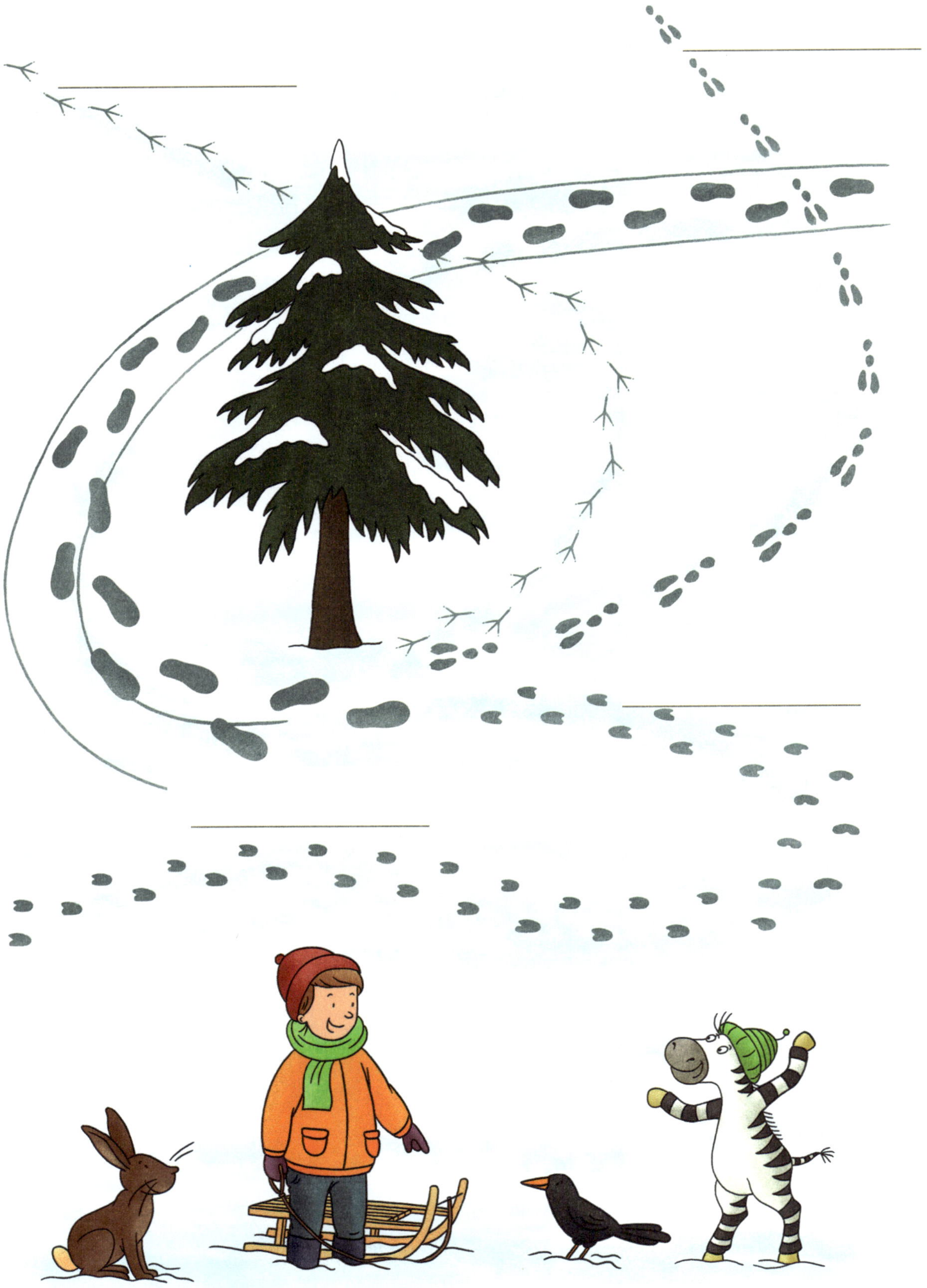

LB S. 150, 151

© Ernst Klett Verlag GmbH, Stuttgart 2024 | www.klett.de | Nur zum individuellen Gebrauch. Kopieren und Vervielfältigen nicht gestattet.

Frühling

➡ ○ **1** 👓 ✏ ✏ Lies und markiere.
Notiere die Silben. Sie ergeben ein Lösungswort.

	ja	nein
Es ist Win**ter**.	Nu	**Os**
Blu**m**en blü**h**en auf der Wie**se**.	ter	del
Da sind Os**ter**ei**er**.	ha	po
Ein E**le**fant baut ein Nest.	nin	sen
Auf dem Weg ist ein Hund.	ohr	all

Lösung: _____ _____ _____ _____

✏ ○ **2** 🗒 Schreibe zum Bild.

© Ernst Klett Verlag GmbH, Stuttgart 2024 | www.klett.de | Nur zum individuellen Gebrauch. Kopieren und Vervielfältigen nicht gestattet.

Garten im Frühling

➡ 🔵1 👓 ✏ Lies und male.

Das Gras ist grün.

Die Bank ist braun.

Die Blumen sind rot und gelb.

Im Nest sind zwei Amseln.

Eine Amsel fliegt zum Nest.

Sie hat einen Wurm im Schnabel.

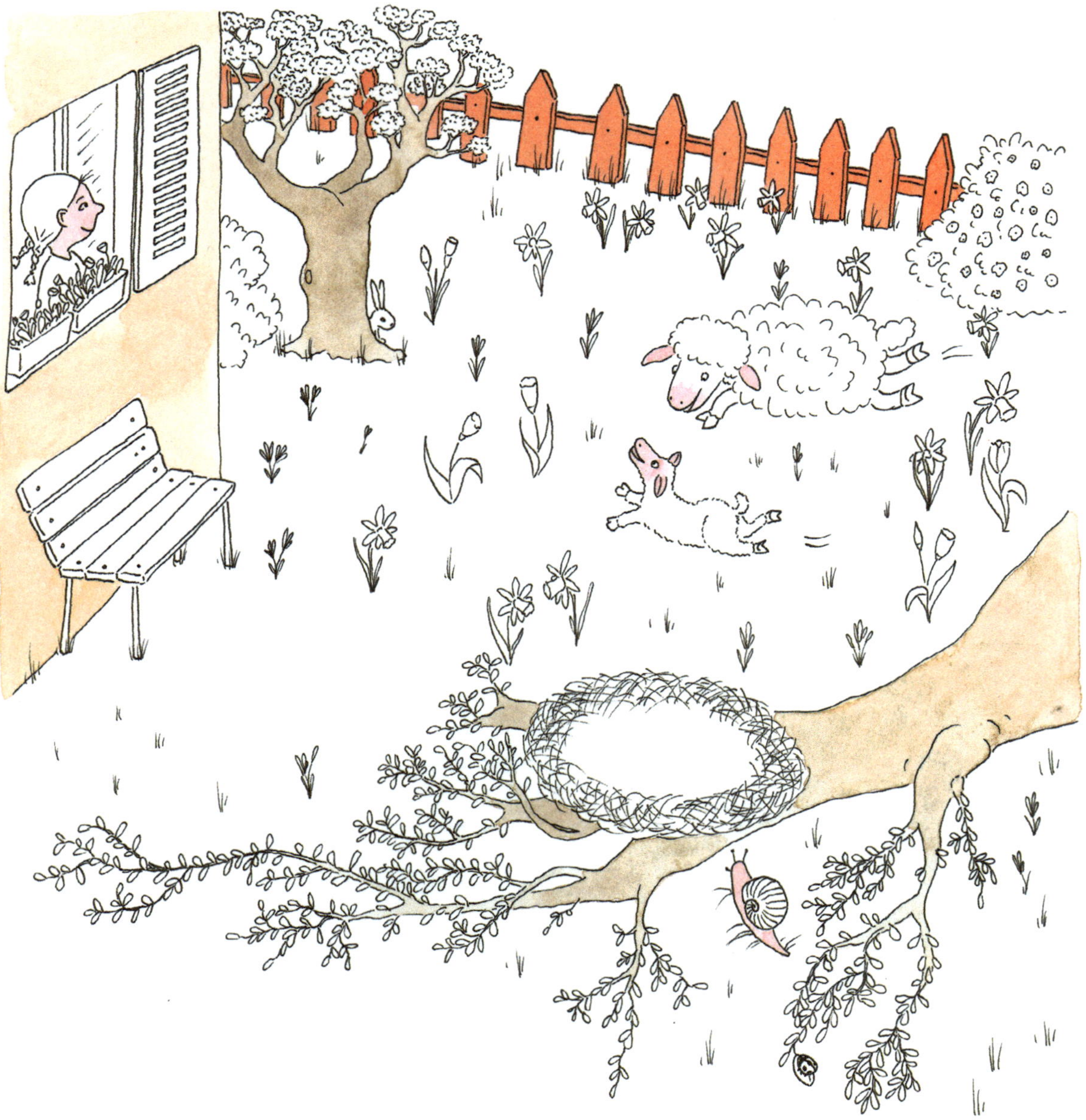

👉 LB S. 152, 153   ▶

© Ernst Klett Verlag GmbH, Stuttgart 2024 | www.klett.de | Nur zum individuellen Gebrauch. Kopieren und Vervielfältigen nicht gestattet.

Aprilwetter

   **1**  Lies und verbinde.

Es regnet.
Herr Müller wird nass.
Er rennt heim.

Nun geht Herr Müller
mit einem Schirm los.
Die Sonne scheint.

Die Sonne ist hinter
einer Wolke.
Der Wind weht
den Hut weg.

Die Sonne scheint.
Herr Müller geht
zur Arbeit.
Er freut sich.

© Ernst Klett Verlag GmbH, Stuttgart 2024 | www.klett.de | Nur zum individuellen Gebrauch. Kopieren und Vervielfältigen nicht gestattet.

In der Osterhasen-Werkstatt

1 Schreibe.

_____

_____

_____

_____

_____

_____

_____

© Ernst Klett Verlag GmbH, Stuttgart 2024 | www.klett.de | Nur zum individuellen Gebrauch. Kopieren und Vervielfältigen nicht gestattet.

Sommer

➡ ● **1** 👓 ✏ ✏ Lies und markiere.
Notiere die Silben. Sie ergeben ein Lösungswort.

	ja	nein
Es ist Sommer.	Ba	Ma
Im See schwimmen Enten.	na	ta
Die Frauen spielen Karten.	ren	nen
Der Eismann verkauft Bananen.	lis	eis

Lösungswort: _____ _____ _____ _____

 ● **2** Schreibe zum Bild.

© Ernst Klett Verlag GmbH, Stuttgart 2024 | www.klett.de | Nur zum individuellen Gebrauch. Kopieren und Vervielfältigen nicht gestattet.

Riesen-Seifenblasen

 1 Lies und verbinde.

Ziehe den Wollfaden langsam heraus.

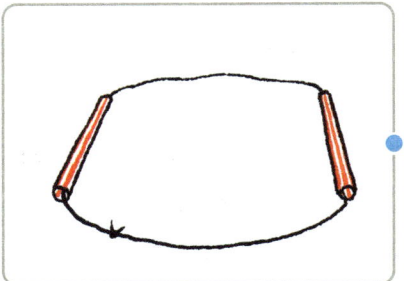

Du brauchst:
- einen Wollfaden
- 2 kurze Strohhalme
- eine Schüssel mit Wasser und Spülmittel.

Da ist eine große Seifenblase.

Tauche den Wollfaden in die Schüssel.

Ziehe den Wollfaden durch die Strohhalme. Knote den Wollfaden zusammen.

© Ernst Klett Verlag GmbH, Stuttgart 2024 | www.klett.de | Nur zum individuellen Gebrauch. Kopieren und Vervielfältigen nicht gestattet.

Ein Sommergedicht

1  Schreibe.

Ich esse Kirschen _____ .

Es ist Sommer.

_____ .

Es ist Sommer.

_____ .

Es ist Sommer.
Endlich!

2 Schreibe dein eigenes Gedicht.

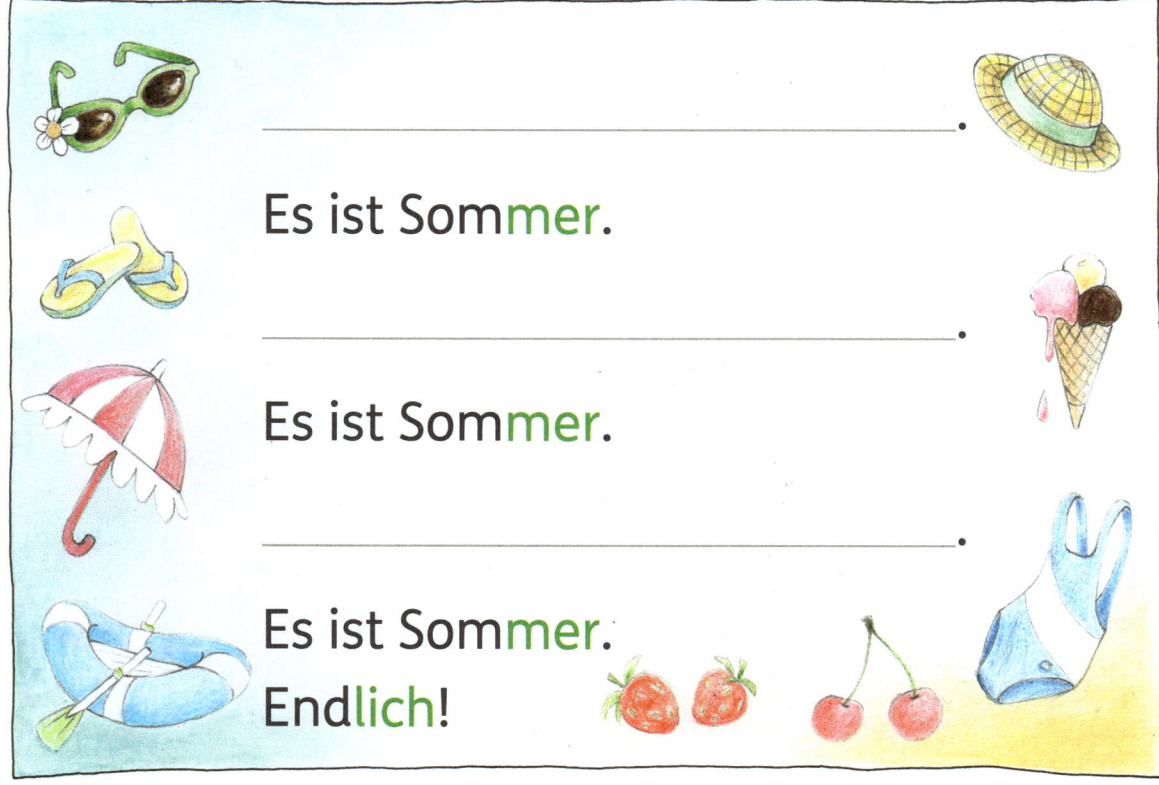

_____ .

Es ist Sommer.

_____ .

Es ist Sommer.

_____ .

Es ist Sommer.
Endlich!

© Ernst Klett Verlag GmbH, Stuttgart 2024 | www.klett.de | Nur zum individuellen Gebrauch. Kopieren und Vervielfältigen nicht gestattet.

Ferien

1  Schreibe.

In den Ferien möchte ich

_____

_____

_____

_____

_____

_____

_____

_____

_____

_____

LB S. 159, 161

© Ernst Klett Verlag GmbH, Stuttgart 2024 | www.klett.de | Nur zum individuellen Gebrauch. Kopieren und Vervielfältigen nicht gestattet.

Meine Wörter

🔴		die Schu**le**
🟢		das Buch
🟢		das Heft
🔴		die Leh**r**e**r**in
🔵		der Stift
		rot
		blau

Diese Wörter brauchst du oft.

	ma**len**
	le**sen**
	schrei**ben**
2+3=?	rech**nen**
	tur**nen**
	sin**gen**

🟢		das Brot
🔵		der Sa**l**a**t**
🔴		die Tom**a**te
		es**sen**
		trin**ken**
		la**ch**en
		wei**nen**

🔴		die Ba**n**ane
🔵		der Ap**fel**
🟢		das Was**s**er
		glück**lich**
		ängst**lich**
		trau**rig**
		wü**tend**

© Ernst Klett Verlag GmbH, Stuttgart 2024 | www.klett.de | Nur zum individuellen Gebrauch. Kopieren und Vervielfältigen nicht gestattet.

Meine Wörter

🔵		der Ball
🔴		die Schaukel
🔴		die Rutsche
🔵		der Sandkasten
🔴		die Bank
🟢		das Haus
		gelb

		rennen
		schwimmen
		klettern
		spielen
		teilen
		streiten
		lila

🔵		der Baum
🔴		die Blume
🔴		die Ameise
🔵		der Igel
🔵		der Hund
🔴		die Katze
🔴		die Maus

🔴		die Raupe
🔴		die Wiese
🔵		der Wald
		sehen
		hören
		riechen
		fühlen

© Ernst Klett Verlag GmbH, Stuttgart 2024 | www.klett.de | Nur zum individuellen Gebrauch. Kopieren und Vervielfältigen nicht gestattet.

Meine Wörter

🟢		das Schloss
🔵		der Turm
🔵		der Frosch
🔴		die Prinzessin
🔵		der Zwerg
🔴		die Hexe
🔵		der Zauberer

🟢		das Gespenst
🟢		das Monster
🔵		der Wolf
🟢		das Pferd
🔵		der Pilot
		fliegen
		träumen

🔵		der Brief
🟢		das Telefon
🟢		das Handy
🔴		die Zeitung
🔵		der Computer
🔵		der Fernseher
🔵		der Kopfhörer

🟢		das Radio
		telefonieren
		falten
		schneiden
		kleben
		groß
		klein

© Ernst Klett Verlag GmbH, Stuttgart 2024 | www.klett.de | Nur zum individuellen Gebrauch. Kopieren und Vervielfältigen nicht gestattet.

Meine Wörter

🟢		das Blatt
🔴		die Laterne
🔵		der Drachen
🔵		der Regen
🔵		der Schirm
🔵		der Nebel
		schwarz

🔵		der Schnee
🔵		der Schlitten
🔵		der Schneemann
🔵		der Nikolaus
🟢		das Geschenk
		kalt
		weiß

🔴		die Tulpe
🟢		das Nest
🔵		der Osterhase
🟢		das Osterei
🟢		das Küken
		grün
		rosa

🔴		die Sonne
🟢		das Eis
🔴		die Muschel
🔴		die Seifenblase
🔵		der Koffer
🟢		pusten
		warm

© Ernst Klett Verlag GmbH, Stuttgart 2024 | www.klett.de | Nur zum individuellen Gebrauch. Kopieren und Vervielfältigen nicht gestattet.